ແຜ່ຄວາມເມດຕາ

ໂດຍ ແອນນ້າ ສຸວັນນະລາດ
ຮູບໂດຍ ໄມເຄິບ ແມກບັນເຕ

Library For All Ltd.

ອົງການ Library For All ແມ່ນອົງການທີ່ບໍ່ຫວັງຜົນກຳໄລ ທີ່ມີພັນທະກິດທີ່ຈະເຮັດໃຫ້ທຸກຄົນ ສາມາດເຂົ້າເຖິງແຫຼ່ງຄວາມຮູ້ ຜ່ານບະອັດຕະກຳຫ້ອງສະໝຸດດິຈິຕອນ. ເຂົ້າເບິ່ງລາຍລະອຽດເພີ່ມເຕີມທີ່: libraryforall.org

ແຜ່ຄວາມເມດຕາ

ພິມຄັ້ງທຳອິດ 2022

ຈັດພິມໂດຍ: ອົງການ Library For All
ອີເມວ: info@libraryforall.org
URL: libraryforall.org

ຮູບແຕ້ມຕົ້ນສະບັບໂດຍ ໄມເຄິນ ແມກບັນເຕ

ແຜ່ຄວາມເມດຕາ
ແອນນ້ຳ ສຸວັນນະລາດ
ISBN: 978-9932-14-014-5
SKU02474

ແຜ່ຄວາມເມດຕາ

ກາວົບເປັນເດັກໃຈດີ,
ມັກແຜ່ຄວາມເມດຕາ.

ລາວມັກຊ່ອຍບ້ອງຂາຍ
ຂອງລາວເກັບເຄื่ອງໆ ຫຼຶບ
ໃສ່ກ່ອງຫຼ້ງຈາກກຫຼຶບແລ້ວໆ.

ລາວມັກຊ່ວຍແມ່
ແລະ ພໍ່ຂອງລາວທຳ
ຄວາມສະອາດເຮືອນຊານ.

ລາວມັກຊ່ອຍຄູເຮົາປົ້ມ
ອງກນ້ານໄປໄວ້ໃນຫ້ອງການ.

ລາວມັກໃຫ້ກຳລັງໃຈຫມູ່ຂອງລາວ
ເມື່ອເຂົາເຈົ້າໂສກເສົ້າ.

ລາວມັກແບ່ງປັນອາຫານ
ກັບເພື່ອນບ້ານ.

ລາວມັກເກັບຂີ້ເທຍື້ອຕາມ
ຖະໜົນບົນທົນທາງ ແລ້ວເອົາໃສ່
ຖັງຂີ້ເທຍື້ອໃຫ້ເປັນລະບຽບ.

ລາວມັກບໍ່ລິຈາກເຄື່ອງຫຼິ້ນ
ແລະ ປຶ້ມຂອງລາວໃຫ້
ເດັກນ້ອຍທີ່ທຸກຍາກ.

ບອກຈາກຄວາມເມດຕາທີ່ມີຕໍ່ຜູ້ອື່ນ,
ກາວົນຍັງມີຄວາມເມດຕາ
ຕໍ່ຕົນເອງນຳ.

ລາວມີຄວາມເມດຕາຕໍ່ຕິນເຮງໂດຍ
ການຟຶນອາທາບທີ່ດີຕໍ່ສຸຂະພາບ
ແລະ ພັກຜ່ອນພຽງພໍ.

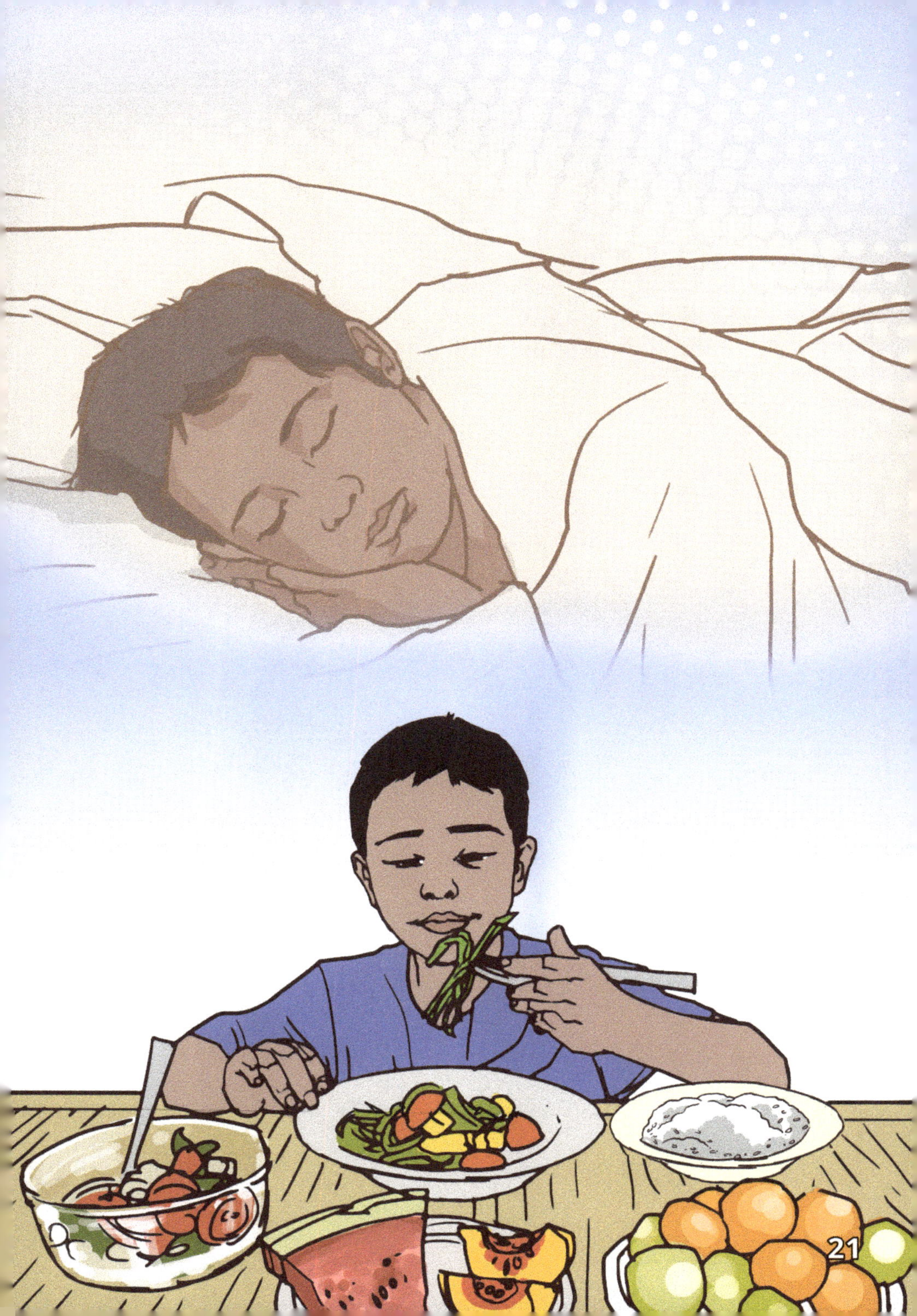

ລາວມີຄວາມເມດຕາຕໍ່ຕິນເຮົາໂດຍ
ການຂໍຄວາມຊ່ວຍເຫຼືອຈາກຄົນອື່ນ
ເມື່ອລາວຕ້ອງການມັນ.

ການແຜ່ຄວາມເມດຕາເປັນ
ເລື້ອງງ່າຍ ແລະ ມັນເຮັດໃຫ້
ຄາວິນມີຄວາມສຸກ.

ຂໍ້ມູນທາງບັນນານຸກົມຂອງຫໍສະໝຸດແຫ່ງຊາດ

ແອນບ້າ ສຸວັນນະລາດ
ແຜ່ຄວາມເມດຕາ / ໂດຍ ແອນບ້າ ສຸວັນນະລາດ.
-- ວຽງຈັນ: ປື້ມອ່ານ, 2022
18 ໜ້າ : ພາບປະກອບສີ ; 26 ຊມ
1. ວັນນະກຳສຳລັບເດັກ
I. ຊື່ເລື່ອງ
808.068 -- dc21
ເລກທະບຽນພິມຈຳໜ່າຍ: 055 / ອພຈ07052032
ISBN 978-9932-14-014-5

ເຈົ້າສາມາດໃຊ້ຄຳຖາມດັ່ງລຸ່ມນີ້ເພື່ອສິບທະບາກ່ຽວກັບເລື່ອງໆທີ່ອ່ານກັບ ຄອບຄົວ, ໝູ່ ແລະ ຄູອາຈານ.

ເຈົ້າໄດ້ຮຽນຮູ້ຫຍັງຈາກເລື່ອງນີ້?

ຈົ່ງອະທິບາຍເລື່ອງນີ້ ໂດຍໃຊ້ຄຳບັບຍາຍ 1ຄຳ. ຕະຫຼົກ? ຍ້ານ? ມິສິສັນ? ໜ້າສົນໃຈ?

ເມື່ອອ່ານຈົບແລ້ວ, ເລື່ອງນີ້ໃຫ້ຄວາມຮູ້ສຶກຫຍັງແດ່?

ໃນເລື່ອງນີ້, ເຈົ້າມັກສິ່ງໃດຫຼາຍທີ່ສຸດ?

ກ່ຽວກັບຜູ້ປະກອບສ່ວນ

ແອບບ້າ ສຸວັນບະລາດ ອາໄສຢູ່ບະຄອບຫົວງວຽງຈັນ, ສປປ ລາວ. ເພິ່ນຮຽນຈົບການສຶກສາ ລະດັບປະລິຍາຕິ, ດ້ານວິທະຍາສາດສັງຄົມ ລົງເລິກດ້ານການພັດທະນາ ທີ່ປະເທດອົດສະຕາລິ ແລະ ມີຄວາມສົນ ໃຈກ່ຽວກັບການປົກປ້ອງເດັກ. ບອກຈາກວຽກປະຈຳຂອງເພິ່ນແລ້ວ, ເພິ່ນຍັງເຕັ໋ອບໄທອເປັນອາສາສະໝັກ ໂດຍ ເປັນນາຍແປ່ພາສາ ນິທານສຳລັບເດັກ. ເພິ່ນຍັງເປັນສ່ວນໜຶ່ງຂອງທິມວິຊາການຂອງກຸ່ມທີ່ມີຊື່ວ່າ ກຳລັງໃຈ ເຊິ່ງເຕັ໋ອບໄທອກ່ຽວກັບສຸຂະພາບຈິດ. ເພິ່ນມີຄວາມມຸ້ງໝັ້ນເຈຕະນາ ໃນການພັດທະນາສິ່ງເສີ່ມສຸຂະພາບຈິດຂອງເດັກ ແລະໄວໜຸ່ມໃນປະເທດລາວ ຜ່ານການປະຕິບັດ ແລະ ຝຶກການມີສະຕິ ແລະ ການຮູ້ສຶກຂອບໃຈສິ່ງເລັກນ້ອຍ ອ້ອມຕົວເຮົາ.

ປຶ້ມທື່ວນີ້ມ່ອບບ່?

ພວກເຮົາມີປຶ້ມຫຼາຍຮ້ອຍຫົວໃຫ້ເລືອກອ່ານ.

ພວກເຮົາຮ່ວມມືກັບນັກຂຽນ, ອ່ຽງຊານດ້ານການສຶກສາ, ທ່ີປຶກສາທາງດ້ານວັດທະນະທຳ, ລັດຖະບານ ແລະ ອົງກອນທ່ີບໍ່ຂຶ້ນກັບລັດຖະບານ ເພື່ອນຳຄວາມເພີດເພີນ ໃນການ ອ່ານໃຫ້ກັບເດັກນ້ອຍຫົວທຸກແຫ່ງ.

ຮູ້ບໍ?

ພວກເຮົາສ້າງການປ່ຽນແປງທ່ີດີໃນຊົງເຂດນີ້ ໂດຍປະຕິບັດ ເປົ້າໝາຍ ການພັດທະນາແບບຍຶນຍົງຂອງສະຫະປະຊາຊາດ.

libraryforall.org

www.ingramcontent.com/pod-product-compliance
Lightning Source LLC
Chambersburg PA
CBHW040206160726
48006CB00014B/1925